Trauer und Verlust Verstehen

Das Überwinden von Trauer und Verlust.

von M. Rock

Inhalt

Disclaimer-Alle Inhalte dieses Ratgebers wurden nach bestem Wissen und Gewissen verfasst und nachgeforscht. Allerdings kann keine Gewähr für die Korrektheit, Ausführlichkeit und Vollständigkeit der enthaltenen Informationen gegeben werden. Der Herausgeber haftet für keine nachteiligen Auswirkungen, die in einem direkten oder indirekten Zusammenhang mit den Informationen dieses Ratgebers stehen.   56

<u>Trauern</u>

Wir müssen alle aus dem Leben scheiden. Alle Geschöpfe entgehen weder der Trauer noch dem Tod.
Zur Zeit unsere Ahnen war der Tod noch ein beeindruckendes Mysterium, das eine Menge Trauer Mythen hervorbrachte. Heute ist zum größten teil erforscht, was uns aus dem Leben scheiden Lässt und was beim Trauern im Leib und Seele vorgeht sowie was und welche Abläufe was bewirken.

 Das Leben von Mensch und Tier ist zu guter Letzt endlich.

<u>Was ist Trauern ?</u>

- ➤ ein gefühlsbetontes empfinden. Es stellt eine Gefühlsregung der Niedergeschlagenheit eines Mangels an Lebensfreude (kurzzeitig oder länger andauernd) oder eines seelischen Rückzugs, einer extremen Ehrverletzung dar.
- ➤ einen Vorgang für die Bewältigung von Trennung, Erkrankung, des Sterbens und besonders nach dem Tod eines geschätzten Geschöpfes (Person oder Tier) oder auch bei sonstigen gravierenden Verlusten;

- ➢ eine besondere Art der Bekleidung, die als Ausdruck des Schmerzes über den Verlust einer nahestehenden Person angezogen wird („Trauer tragen"). Heute ist es in unserem Kulturkreis nur allenfalls noch zur Bestattung selbst gang und gäbe. Einst bestanden detailreiche Regulierungen bezüglich dem Zeitraum des Tragens von Volltrauer und Halbtrauer, die entsprechend des Verwandtschaftsgrades zum Gestorbenen variierten. So trug die Witwe ein Jahr lang Schwarz wegen ihrer Trauer;
- ➢ eine offizielle Trauer kann von der Regierung bei Unglücksfällen oder nach dem Tod einer hochrangigen Person verordnet werden (die Staatstrauer).
- ➢ Im weiteren Sinn differenziert man auch folgende Arten der Trauern: übertriebene, chronische, maskierte und verspätetes Trauer
  - ○ (englisch: complicated grief, traumatic grief).

Den Tod treffen

Abschiede zählen zum Leben

Wenn eine geschätzte Person verstirbt, bricht die Welt in uns und um uns zusammen. Wir bestimmen uns in enormen Maße über unsre Verbindungen zu Eltern, Partnern, Kindern sehr guten Freunden ob Mensch oder Tier. Doch wer trauert, verwandelt sich.

Trauern ist der kräftigste Druck(Stress), den ein Geschöpf gar erfahren kann, so hat es der Psychoanalytiker Collin Murray Parkes erkannt. Die Schweizer Psychotherapeutin Verena Kast berichtet, dass wir uns über unsre Verhältnisse bestimmen - der Tod einer geschätzten Person bewegt uns daher in unserem Selbstverständnis. Indem wir durch den Wegfall den Kopf sinken lassen und ihn mental verarbeiten, ändern wir uns. Trauern verändert: Wir gehen bewusster durch das Leben, legen eventuell ganz andere Ansprüche an den Alltagstrott, entfalten einen eigenen Blick für das, was wir als erheblich anschauen.

Viele Abschiede

In Deutschland erleiden den Tod jährlich rund 911.000 Personen. Im Jahr 2015 starben 2.405 Säuglinge unter einem Jahr, ca. 1.200 Kinder bis 15 Jahre und ca. 1.150 Teenager und junge Erwachsene zwischen unter 15 und 20 Jahren

(Quelle: Statistisches Bundesamt).

Trauer und trauern

Der Trauerprozess selber hat unterschiedliche Elemente. Die Auswirkungen sind auch Bedrückung und Depression. Der Status des Trauern hat beim Menschen zusätzlich zum gefühlsbetonten Faktor auch einen Verhaltensaspekt, bei dem es um die Bewältigung und Verarbeitung des psychischen Schmerzes geht, der Schmerz wird durch den Verlust einer nahestehenden Person oder Tieres oder eines anderen Verluste verursacht. Verursacher kann der Tod von Bekannte, Verwandten oder Haustieren, selbstverständlich auch Trennungen fremder Art (Heimat, Haus) sein, die den „räumlichen Verlust" nahestehender oder verehrter Menschen bedeuten.

Reaktionen bei Trauer

Eine große Anzahl von Personen hat Angst zu Trauern.

Mit guten Grund: Wenn Jemand ein geliebtes Geschöpf ob Mensch oder Haustier verloren hat, ist er eine Zeit lang und übergangsweise in einem Ausnahmezustand.

Der Trauernde geht in sich, viele Personen bewegen sich kaum noch und sprechen kaum auf gut gemeinte Reize zur Aufmunterung an. Ein Witz wird zum Beispiel wahrgenommen aber verpufft sofort

Viele Personen haben starke Gemütsbewegung (z B. weinen), einige sind so hoffnungslos, das sie, nicht länger weiterleben wollen.

Der Körper schüttet bei Trauer jede Menge Stresshormone aus.

Der Hinterbliebene hat dadurch im Trauerzustand auch ein geschwächtes Abwehrsystem. Dies führt sogar dazu, dass Statistisch gesehen, die Sterberate bei Trauenden Menschen leicht erhöht ist

Verlauf von Trauer

Besonders schmerzhaft ist es das eigene Kind zu verlieren.

Personen betrauern unterschiedlich. Einige verstehen auf Anhieb, dass ein geliebtes Geschöpf tot ist, weitere benötigen dafür Tage andere Wochen oder Monate.

Auch wie ausgeprägt die Trauer ist und wie lange Jemand benötigt ist unterschiedlich, bei einigen Personen fällt das Trauern milde aus, weitere erfahren sie als sehr schmerzhaft und langatmig.

Dabei übernimmt es auch eine Rolle, ob eine geliebte oder geschätzte Person unvorhersehbar oder sehr jung aus dem Leben geschieden ist. Ein Kind oder einen noch jungen Lebenspartner einzubüßen, führt meist zur längeren und schmerzhafteren Trauern als der aus dem Leben geschiedenen, älter gewordenen Verwandten, Bekannten oder eines Elternteil.

Wie gehe ich mit Hinterbliebenen um.

Trauern kann verschieden gefasst werden

Die meisten Personen nehmen sich vor, einem Angehörigen oder guten Bekannten bei zu stehen, wenn er trauert. Oft ist es nicht so leicht wie viele sich es vorstellen.

Aus Untersuchungen weiß man, dass eine tiefe Trauer binnen weniger Zeit abfärbt. Die meisten Personen fühlen sich daher schnell überfordert und wenden sich von Hinterbliebenen die trauern schnell ab.

Zur gleichen Zeit sind viele mit der Handhabung von Hinterbliebenen unsicher. Soll man einen trauernden Bekannten, einen Hinterbliebenen Freund ungestört lassen oder ihn von der Trauer zerstreuen? Trauerberater raten, die Hinterbliebenen zu fragen, was für sie gut sein könnte und den trauernden dabei zu unterstützen um herauszufinden, wie es dem Trauernden geht, dient gut die Frage: "Wie war dein Tag?" bzw. "Wie war deine Woche?".

Der Schmerz der Trauer

Viele Personen erfahren das Leid der Trauer als ein sehr ergreifendes und oft vernunftwidriges Empfinden, dem sie schutzlos ausgeliefert sind. Sie sind wütend, sie weinen und wollen nicht wahrhaben, was sie an für sich schon wissen.

Therapeuten nehmen an, dass Personen die Trauern auf ihrem frühesten Entwicklungsstadium zurückgeworfen werden.

Auch Babys jammern, weinen und brüllen, wenn sie sich verlassen fühlen. Akademisch erwiesen ist diese exzessive Bindungsreaktion allerdings nicht. Wie ausgeprägt das Leiden ist und wie lange er andauert, ist auch von Person zu Person unterschiedlich.

Langzeitstudien von Psychologen zufolge fällt bei etwa 40 % der Trauernden ihr Leid eher milde aus. Dabei übernimmt es keine Rolle, ob die Beziehung zu den verstorbenen Personen gut oder schlecht war. Eher malen sich Personen mit milderen Trauerreaktionen als Folge aus, dass sie allgemein gut mit Änderungen und Druck hantieren können.

Darüber hinaus besitzen sie viele erlernte Verhaltensmöglichkeiten. Dazu zählt, dass sie Emotionen unterdrücken und fast eremitenhaft und ohne fremde Hilfe ihre Gefühle für sich behalten können, wenn's die Begebenheit fordert. Auch sind sie womöglich eher im Stande, Bejahende und positiv durchs Leben zu gehen. Ein Satz wie "Ich hätte nie angenommen, dass ich so stark sein kann" ist für sogenannte resilient Trauernde charakteristisch.

Riskante Trauermythen

Trauermythen sind vermeintliche Realitäten zur Trauer. Sie beglaubigen zum Beispiel, dass Personen den erlittenen Schmerz in Phasen pausenlos arbeiten sollen oder auf jeden Fall ihrem Leid Ausdruck geben sollen. Allgemein bekannt ist auch der Appell, die Trauer rauszulassen und nicht weg zu schieben.

Die Trauermythen sind wahrscheinlich aus diesem Grund hervorgegangen, weil es lange kaum vertretbare Untersuchungen zum Trauern gab. Auch die allererste Theorie über Trauer von Sigmund Freud ist nie akademisch kontrolliert worden. Die empirische Trauerforschung kämpft gegen die Trauermythen an, weil sie trauernde Personen irritieren und unter Spannung setzen und den naturbelassenen Trauerprozess beeinträchtigen könnte.

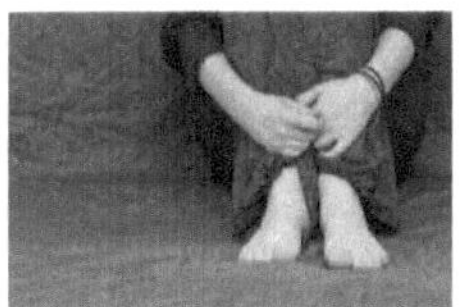

Bild ist von Anemone123 auf https://pixabay.com

Der Weg des Trauern

Wer trauert, fällt aus der gesellschaftlichen Norm. Für den täglichen Trott und soziale Kontakte haben Trauernde oft weder Sinn noch Kraft. Fast jede Gesellschaft hält sich aus diesem Grund für sie Bräuche und Regularien parat. Sie deuten den Personen um sie herum an: Hier durchlebt irgendjemand eine außergewöhnlichen Gefühlswelt - die sollte man auch berücksichtigen.

Trauer Bekleidung

Die gesellschaftliche Ausnahmestellung der Hinterbliebenen fängt bei der Bekleidung an. Im Deutschsprachigen Kulturkreis tragen Hinterbliebene Schwarz, im Nil-Land, Ägypten, war die Trauerfarbe gelb, auf Bali sind die Kleidung der Trauernden bunt und in Japan geht man dagegen in Weiß . Viele Naturvölker ändern am Anfang des Trauerns die Körperbemalung.

Trauernde Juden haben oft einen Riss im Stoff ihrer Bekleidung gut feststellbar im Halsbereich. Die Gepflogenheit geht zurück auf erheblich drastischere Strategien biblischer Ahnen: Im Alten Testament zerrissen Personen, wenn sie vom Tod eines nahen Verwandten erfuhren, ihre Kleidung, legten anschließend eine grobe Bekleidung an, schütteten sich Asche auf ihr Haupt und begaben sich in den Staub. Daher kommt die rede Wende "in Sack und Asche gehen".

Übern frommen Juden Hiob steht verfasst, dass er sich sogar durch Scherben ritzte. Selbstverletzungen als Erscheinungsbild und Merkmal von Trauern findet man noch, vorrangig bei Naturvölkern in Australien und in Nord- und Südamerika. Im deutschen Raum konnte man lange an der Bekleidung der Hinterbliebenen sehen, wie weit der Sterbefall zurücklag. Wenn der Hinterbliebene nicht mehr voll in Schwarz angezogen war, stattdessen trug der Hinterbliebene beispielsweise einen weißen Hemdkragen, dann war dies ein Zeichen, dass der Hinterbliebene „ab" trauert. Das Trauerjahr ist dann fast vorüber.

Zeit des Trauerns

Blumensträuße auf Gräbern verwelken

allmählich.

Hinterbliebene sollen ein Jahr um ihren Ehegatten betrauern, dieser Überrest an gemeinschaftlicher Trauerkultur ist im deutschsprachigen Kulturkreis noch gängig. Das Trauerjahr hatten schon die altertümlichen Römer, jedoch speziell nur für Witwen. Für weitere angehörige mussten neun Tage Trauerzeit reichen. Nach einer Richtlinie des außergewöhnlichen römischen Königs Numa Pompilius aus dem 8. Jahrhundert vor Christi Geburt durfte Nachwuchs unter drei Altersjahren auf keinen Fall, länger als zehn Monate betrauert werden.

Bei den Navajo-Indianern war die Trauerzeit noch Kürzer: Nach vier Tagen wurde weder das Trauern noch der Dialog über den Toten toleriert. Man denkt, dass diese strikte Regel in der Furchtsamkeit vor dem Tot fundiert ist.

In der Jüdischen Religion ist die Trauerzeit wie folgt sortiert: 3 Tage sind für das Weinen, 7 Tage für das Wehklagen, 30 Tage für das Trauern. Ein Trauerjahr ist nicht für den Wittwer oder der Witwe, stattdessen ausschließlich für Hinterbliebene Eltern vorbehalten.

Trauerkontakte

Jeder geht den persönlichen Weg seines Trauerns

In den ersten sieben Tagen nach der Beisetzung müssen jüdische Trauernde nicht arbeiten, nur das nötigste an sich waschen, weder Haare noch Nägel schneiden, keine Anziehsachen wechseln, sie müssen auf Sex und Schmuck verzichten und zuhause bleiben.

Die erste Speise nach der Bestattung wird ihnen von Verwandten gereicht und in der Trauerwoche erhalten sie viele Gäste. Die Hinterbliebenen begrüßen sie nicht und den Besuchern ist es nicht erlaubt, den Dialog anzufangen. Als der schon oben erwähnte Hiob trauerte, kamen seine drei Anhänger und saßen 7 Tage und Nächte schweigend bei ihm auf dem Boden, bevor Hiob mit ihnen ein Dialog begann.

Die erst einmal seltsam wirkende Gepflogenheit hat den unschätzbaren Nutzen, es kann Hinterbliebenen kein Dialog aufgedrängt werden, weder von gutmeinenden Bekannten, die mit Alltagsgeplauder vom Leid zerstreuen möchten, noch von selbsternannten Beratern, die "Linderndes" öffentlich mit zu teilen haben. Die Hinterbliebenen legen selber Atmosphäre und Kurs der Dialoge fest, weil sie selbst am besten wissen ob ihnen Zerstreuung oder Aushalten des Verlustes gut tut.

Die Gepflogenheit, dass der Hinterbliebene sein Haus nicht verlässt, hat jedoch nicht in allen Kulturkreisen einen so fürsorglichen Hintergrund. Bei den südamerikanischen Indianern der Araucaner sind Witwen für ein gesamtes Jahr abgekapselt, weil man die Geister der Toten fürchtet und sie in der nähe der Hinterbliebenen glaubt.

Trauermodelle

Weil das Trauern sehr persönlich ausfällt, ist die Trauerforschung von der Auffassung abgerückt, dass Hinterbliebene definierte Trauerphasen durchlaufen. Diese immer noch weiterhin sehr verbreiteten Phasenmodelle gehen davon aus, dass ein Hinterbliebener erst fassungslos wie vom Schlag getroffen ist, dann ein Gefühlschaos erleben, darauffolgend sucht er den Gestorbenen und hält mit ihm Dialoge. Letzten Endes wendet er sich bei der vierten Phase dem Alltagstrott zu.

Zwar tauchen jeweilige Elemente der Phasenmodelle bei zahlreichen Hinterbliebenen auf, eine Konsequenz kann man erfahrungsgemäß und empirisch allerdings nicht bestätigen. Die aus Sicht der empirischen Trauerforschung stimmigere Variante versteht man unter dem Modell des "Dualen Prozessmodell". Es erläutert, dass trauernde Personen zwei parallele Verfahren durchlaufen: Einer Seitz widmen sie sich hierbei mit dem Verlust und sehen sich zu vergangenen Tagen als das sehr vertraute und geliebte Geschöpf noch lebte.

Auf der anderen Seite planen sie ein neues Leben ohne die verstorbene Person und drehen sich damit dem Jetzt und der kommende Zeit zu. Meist ändern Hinterbliebene häufig täglich zwischen den beiden Phasen hin und her, was einer der Gründe ist, was das Trauern so beschwerlich macht.

Die Phasen der Trauer

Phasen- und zielorientierte Modelle des Trauerprozesses

Elisabeth Kübler-Ross umschrieb 1969 fünf Phasen des Sterbens in ihrem Modell aus schrittweisem Handeln, Reflexion, Auflehnung und Akzeptanz der Situation, Ängsten und Wünschen des Sterbenden. Das Phasenmodell zieht die soziale Umwelt ein und kann man im Trauerprozess für die Begleitung und Erläuterung von Trauer von Verwandten und Bekannte benutzen.

1970 legten John Bowlby und Collin Murray Parkes ein vier Phasen Modell vor, das 1982 von Verena Kast mit dem Modell von Kübler-Ross vereinigt und – unter Einbezug von Elementen der analytischen Seelenkunde –ebenfalls zu einem vier Phasen Modell verarbeitet wurde. 1972 hatte Yorick Spiegel schon ein psychoanalytisch gerichtetes Modell der Trauerphasen angeboten.

J. William Worden legte 1982 eine Variante vor, das die Trauerarbeit aus vier Aufgaben besteht und nicht als Phasenmodell zu begreifen ist. Das erforschte er 1991 und 1996 weiter und ergänzte es um 5 Aufgabenstellungen.

Trauerprozess in vier Phasen nach Kast

Diese Kategorisierung entstanden nach Verena Kast und fußt auf der Arbeit von John Bowlby und Collin Murray Parkes. Diese Thesen über den Trauerprozess von Verena Kast sind sehr stark angelehnte an die Modelle der Sterbephasen von Kübler-Ross an und differenzieren vier Phasen, die meist nach und nach und selbstverständlich nicht strikt voneinander getrennt verlaufen.

1te Phase

Nicht-Wahrhaben-Wollen :

Der Verlust wird verleugnet, der oder die Trauernde fühlt sich in der Regel meist empfindungslos und ist oft starr vor Bestürzung: „Es darf es nicht so sein, ich

werde aufwachen, das ist alles nur ein böser Traum!"
Die erste Phase ist meist kurz, sie benötigt Tage bis
ein paar Wochen. Aber je plötzlicher der Tod auftritt,
umso ausgiebiger ist meist die Auflösung der 1.
Phase.

2te Phase

aufbrechende Gefühle:

Bei der zweiten Phase werden Emotionen wie Trauer,
Zorn, Begeisterung, Wut, Angstgefühle und
Rastlosigkeit durcheinander erlebt, die oft auch mit
Schlafproblemen gekoppelt sind. Möglicherweise setzt
die Suche nach einem oder diverse „Schuldigen" ein
(beispielsweise Ärzte, Pflegepersonal). Der gezielte
Ablauf der Phase hängt stark davon ab, wie der Bezug
unter Angehörigen und dem Verstorbenen war, ob
beispielsweise Konflikte noch geklärt werden konnten
oder ob viel offengeblieben ist.
Starke Selbstvorwürfe im Kontext mit den
Beziehungserfahrungen vermögen es zu erzeugen,
dass man auf der Stufe stehenbleibt. Das Erfahren
und Erlauben aggressiver Emotionen hilft dem
Hinterbliebenen dabei, nicht in Psychische
Erkrankungen unter zu gehen. Weil in unseren
Sozialstruktur Selbstdisziplin ein hohes Gut ist und
bedingt von familiären und gesellschaftlichen
Prägungen sogar die Neigung bestehen kann, das
Trauern ganz zu verdrängen, dadurch gibt es oft
große Probleme, diese Phase zu überwinden. Indem
die adäquaten Gefühle auch wirklich durchlebt und
zugelassen werden, erst dann kann die anschließende
Trauerphase ausgeführt werden.

3te Phase

suchen, finden, sich trennen: Bei der dritten Trauerphase wird der Verstorbene bewusst oder unbewusst „gesucht" – in der Regel, wo er im gemeinschaftlichen Leben zu sehen war in Räumen, in der Natur, auf Fotos, auch in der Phantasie   (oder den Träumen …). Der Realität gegenüberstehend muss der oder die Trauernde lernen, dass sich die Verbindung vehement gewandelt hat.

Der Verloren gegangene wird im besten Fall zum „inneren Begleiter", hierbei kann man durch inneren Austausch eine Partnerschaft entfalten. Im schlechteren Fall lebt der Trauernde eine Art Pseudoleben hierbei mit dem Verstorbenen, kaum etwas darf sich verändern, der Trauernde entfremdet sich dem Leben und den Lebenden. Wenn der Verstorbene aber zur inneren Person wird, die sich verbessern und ändern kann, wird die anschließende Phase der Trauerarbeit erreicht. Ins besonders nützlich erweist es sich, wenn in der Phase des Suchens, des Findens und des Sich-Trennens auch noch ungelöste Schwierigkeiten über die verlorenen Menschen aufgearbeitet werden müssen und dadurch auch meist gelöst werden. Gelegentlich kommt es bei der dritten Phase auch zu Wutanfällen.

4te Phase

neuer Selbst- und Weltbezug:

Bei der vierten Phase ist der Wegfall insoweit angenommen, dass die verloren gegangene Person zur inneren Figur wurde. Lebensmöglichkeiten, die mit der Beziehung geschafft sind und die zuvor nur binnen der Partnerschaft denkbar gewesen sind, vermögen es nun dem Trauernden, zumindest teilweise, eigene Wege zu finden.

Neue Beziehungen, neue Rollen, neue Verhaltensmöglichkeiten, neue Lebensumstände vermögen es nun möglich zu werden. Dass jede Art von Beziehungen Zeitlich begrenzt ist, dass alles Einlassen aufs Leben an den Tod grenzt, wird als Erkenntnis integrierbar. Optimalerweise kann man sich dann trotz dieses Wissens auf neue Verhältnisse einlassen, weil man weiß, dass Verluste zu erdulden zwar schwierig ist , aber es denkbar ist, des Weiteren weiß man jetzt das der Verlust neues Leben in sich birgt.

Trauerprozess in vier Phasen nach Yorick Spiegel

Der methodische Theologe Yorick Spiegel umschrieb in seiner Wissenschaftlichen Arbeit von 1972 auch vier Trauerphasen; sie differenzieren sich allerdings von den Phasen, wie sie Kast nennt.

Schockphase,

erster Schock nach der Todesnachricht.

Diese erste Phase ist recht kurz, sie hat eine Dauer von ein paar Stunden bis ganz wenige Tagen. Die Stärke des Schocks orientiert sich demnach, ob die Hinterbliebenen die Todesnachricht unvorhersehbar (z. B. Unfällen) erreicht oder ob sie durch eine längere Erkrankung auf den Tod gewappnet waren. Doch trotz der Unterscheidungen kann man keine allgemeinen Angaben bezüglich der zu erwartenden Energie des Schocks machen. Die Hinterbliebene nehmen in dieser Zeit nur recht wenig von ihrer Umgebung wahr, ihr Handeln nach der Todesnachricht ist sehr verschieden. Sie sind oft nur schwierig ansprechbar; entsprechend der Wuchtigkeit des Schocks zeigen sich Ansätze des Zusammenbruchs ihrer personenbezogenen Welt, doch wird das meist mit Hilfe ihrer Angehörigen unter Kontrolle gehalten. Durch Hilfe von anderen Angehörigen gibt es dem Hauptbetroffenen die Option, seine persönlichen Emotionen in den Griff zu bekommen: Als Folge ist schon die anschließende Phase betitelt. Fürs In Gang setzen des Trauerprozesses und der Umgang des Trauerprozesses ist die Phase des Schocks sehr wesentlich.

Kontrollierte Phase

Kontrolle der persönlichen Gefühle durch unterschiedliche Tätigkeiten (fremde und eigene); im Verlauf der Phase wird eine zweifache Form der Kontrolle angewendet: Auf der einen Seite versucht der Trauernde seine Emotionen und Affekte zu beherrschen, andererseits helfen die Angehörigen und Bekannte verstärkt mit, damit ein wahrscheinlicher Zusammenbruch abgewendet werden kann und die nun benötigten Maßnahmen ohne mehrere Probleme geplant werden können, wie die Gestaltung und Umsetzung der Bestattung.
Diese und weitere sogenannter Freundschaft Leistungen(Angehörige) und Gesellschaftlicher Dienstleitungen (Bestatter) sollen den Hinterbliebenen so viel wie nur machbar den Rücken freihalten, damit ihm die Selbstkontrolle vereinfacht wird. Dennoch durchlebt sich der Hinterbliebenen in der Phase in kräftigem Maße als untätig und ist kaum im Stande, eigene Entscheidungsgrundlagen zu finden.

Durch die energische Selbstkontrolle ergibt sich eine Entfernung zur Wirklichkeit und direkten Umgebung des Hinterbliebenen, und besonders die Rührigkeit der Umgebung lässt dem Hinterbliebenen fühlen, wie groß die Entfernung unter ihr und ihm selberwurde.

Zudem breitet sich nach der kontrollierten Fassade des Hinterbliebenen ein Empfindung der Leere aus, das die Welt zwar geistig und real anerkennt, allerdings gefühlsmäßig gewissermaßen im Prinzip bestreitet. – Diese Leugnung oder Verdrängung der Begebenheit stellt einen Abwehrmechanismus dar, der fast immer die Selbstkontrolle beibehält. Welches ein hohes Maß an Kraft und Energie für die Selbstkontrolle notwendig macht, wird als Folge merklich, dass die starke Aufmerksamkeit der Kräfte ausschließlich und punktgenau für Aktivitäten benötigt werden, dies führt mehrfach zu Kommunikationsstörungen . Der Trauernde redet oft nur in abgespeckten Sätzen mit den ihn umgebenden Personen; er erlebt diese (kontrollierte) Phase trotz aller Anstrengungen und Rücksicht auf ihn in einer irrealen Entfernung zu der Umwelt und zu sich selber. Der Abschluss der kontrollierten Phase ist dargestellt mit den Aufbruch der Verwandten und Bekannten nach der Bestattung.

Phase der Regression

Das Weitgehende zurückziehen vom „normalen Leben", Auseinandersetzung über das Trauern. In der Phase ist der Betroffene ganz auf sich zurückgeworfen. Die entscheidenden Tätigkeiten mit der Umgebung haben aufgehört, und im etappenweisen Verstehen der Begebenheit wird er hierbei mit dem absoluten Niedergang der gemeinschaftlichen Daseinswelt mit dem Toten gegenüberstehen. Er Spricht auf die Tatsache auf der einen Seite mit stark erhöhten Emotionen sowie mit Angriffslust. Auf der anderen Seite zieht er sich sehr zurück und verliert die Aufgabenstellung eines Teils der zuvor sehr anstrengend aufrechterhaltenen Selbstkontrolle mehr oder minder in der Hilflosigkeit.

Der Bereitwilligkeit oder der Hilfe von Bekannten, Freunden oder Verwandten gegenüber verhält er sich oft distanziert, gleichwohl er zur gleichen Zeit ihre Hilfe möchte. Zu den äußerlich beobachtbaren Auswirkungen gehören in der Phase Appetitlosigkeit damit gekoppelt auch Anorexie, Gewichtsabnahme, Verdauungsschwierigkeiten, Schlafprobleme, dauerhafte Ermattung, vermehrtes Zugreifen auf Rauschmittel wie Alkohol, Zigaretten und Arzneimittel. Um die aktuelle Krise zu überwinden, probiert der Trauernde, auf bewährte Strategien zu setzten, die er bei vorgehenden Krisen, die er bewältigt hat auszuweichen, doch erweisen sich deren Bewältigungs- und Abwehrmechanismen im Regelfall als unzulänglich. Als Folge überlässt er sich der Hilflosigkeit und zieht sich ganz auf damalige

Entwicklungsstufen zurück. Der Trauernde ist in der Phase der Regression in gewisser Weise „Zwischenzustand", d. h., mit dem bis jetzt noch nicht vollzogene Lösung von dem Toten und die Zurückgezogenheit durch die Lebenden ist es nicht festzulegen, was für einem der Bereiche er mehr angehörig ist. Die Doppeldeutigkeit der Situation gibt dem Erleben und der Wahrnehmung des Hinterbliebenen eine große Irrealität.

Bei der Auseinandersetzung mit dieser Doppeldeutigkeit probiert der Trauernde mit steigender Tendenz mit der Begebenheit zu leben und sich auf die hieraus ergebenden Folgen einzustellen, womit letzten Endes die Phase der Anpassung eröffnet wird.

Phase der Anpassung

langsame Rückkehr ins Leben und neue Beziehungsfähigkeit. Der Trauernde probiert, allmählig abermals in sein altes Leben zurückzukommen, aber der Verlust wird immer im Herz verbleiben. Doch der Trauernde kann sich nicht ewig aus dem Leben nehmen.

Die Trauerbewältigung läuft in der Phase absolut nicht stetig ab: Kurzzeitige Rückschritte in vorherige Etappen des Trauerprozesses sind denkbar. Dabei kann die ganze Wucht des Trauern abermals da sein, doch laufen die Phasen meist zügiger ab.

Trauerarbeit

Der Trauerprozess ist kein passiver Prozess, bei dem mit einem etwas geschieht; mehr als das muss der Trauernde aktiv sein und eine ganze Reihe von Aufgaben lösen. Durch diese „Arbeit" entsteht erst ein „normaler" Trauerprozess , wird die Trauerarbeit nicht geleistet, ist der Abschluss des Trauerprozesses nicht durchführbar. Pathologische Trauerverarbeitung ist das Resultat.

Yorick Spiegel nennt die Aufgaben, die der Trauernde zu lösen hat:

- Auslösung der Trauer,
- Strukturierung,
- Anerkennung der Wirklichkeit,
- Entscheidung zum Leben,
- Expression unakzeptabler Gefühle und Wünsche,
- Bewertung des Verlustes,
- Inkorporation des Verstorbenen,
- Chance der Erneuerung.

Es ermöglichen sich keine deutlichen Angaben darüber, in was für einem Moment die Aufgabenstellung vom Hinterbliebenen in Angriff genommen werden soll. Stellenweise überlappen sich die Bereiche und sollen zur gleichen Zeit angegangen werden; – aber der Trauernde kann genauso eine ganze Zeit lang auf die Problemlösung mit nur einer bestimmten Aufgabenstellung angehalten sein.

Darüber hinaus ist der Trauerprozess bei jedem Menschen anders geartet. Ab und zu sind die bezeichneten Phasen nicht oder nur kaum erkennbar, es ist oft schwer zu erkennen wie verschiedene Phasen durchlaufen werden. Die Phasenmodelle sind somit nicht als statische Ereignisse gezeichnet, stattdessen als Stütze für Betroffene, ihren personenbezogenen Trauerprozess zu durchlaufen.

Bild ist von pixel2013-Silvia & Frank auf https://pixabay.com

Neue Traueröffentlichkeit

Durch das Entfallen der überwiegenden Zahl der Trauerbräuche kommt das Trauern immer geringer in die Realität der Bevölkerung und wird im wahrsten Sinne des Wortes Tod geschwiegen. Doch in der Anonymität des Internet kehrt die Trauer wieder zurück: "Virtuelle Friedhöfe" sind Gedenkstätten, in denen Lebensdaten, Fotos und Erlebnissen von jeder Art von Person, die betrauert werden soll. Diese Information werden über die Personen/Geschöpfe im Netz zur Erinnerung zu Verfügung gestellt. Damit jeder teilhaben kann an der jeweiligen Trauer.

Es ist möglich den Hinterbliebenen vorgefertigte Beileidskarten zu mailen.

Darüber hinaus offeriert das Netz eine Menge Foren für Trauer, die beispielsweise "verwaiste" Eltern, deren ihr Kind starb, diese zusammenführt. Für einzigartige Krisensituationen, die man mit ähnlichen Betroffenen erörtern kann, beweist sich das Netz als ideal.

Wenn das Leid nicht endet

Einst galt das Trauerjahr als von der Gesellschaft akzeptierter Zeitabschnitt für den Abschiedsakt. Vor allem bei dem Datum des 1. Todestags herum vermögen die Trauer-Gefühle bei den Hinterbliebenen erneut heftig wiederzukehren! Es gibt gewisse Voraussetzungen, die das Trauern beeinträchtigen und dadurch die Zeit des Trauerns stark ausdehnen kann.

Außergewöhnliches Trauern oder Trauerstörung

Davon geht man aus, wenn nach 13 Monate nach dem Sterbefall der Trauernde durch die ähneln Gefühle gelenkt wird wie kurze Zeit nach dem Wegfall: Das tiefe emotionale Leid lässt nicht nach, das Leiden über den Wegfall nimmt nicht ab. Der Trauernde hat einen unstillbaren Wunsch nach dem Toten und ist unfähig auch speziell für kurze Zeit Begeisterung zu verspüren, was im jetzt geschieht. Personen, deren Trauern stark erweitert ist, haben in ihrer Kinderzeit oft unsichere Verhältnisse oder frühe Verluste erduldet. Viele hatten eine insbesondere enge und ausschließliche Verbindung mit dem Verstorbenen.

Traumatisches Trauern

Dabei begreifen Trauerbegleiter und Psychotherapeuten das Ereignis, wenn Trauern von traumatischen Erlebnisse überlagert wird - wenn also immer hin und wieder Erinnerungsblitze (Flashbacks) erscheinen mit belastenden Bildern vor dem Geistigen Auge beispielsweise vom Sterbeprozess, der Trauernde permanent angespannt und erregbar ist und er Vermeidungsverhalten oder Wiederholungsverhalten zeigt: Daraus ergibt sich, dass der Hinterbliebene alles meidet, was ihn an den Hingeschiedenen erinnert oder er sucht es permanent. Diese Form der Trauern kann nur von besonderen Trauma - Therapeuten therapiert werden - oft jedoch erst Monate nach dem Sterbefall.

Zurzeit wird keine Form der auffälligen Trauern als seelische Erkrankung angesehen - es wird in Expertenkreisen überdies diskutiert, ob dies nötig ist. Ziel ist es, Hinterbliebenen frühzeitig die wichtige Hilfe zuteilwerden zu lassen.

<u>Wann wird aus Trauern Depression?</u>

Die Amerikanischen Psychiatric Assoziation (APA) hat eine klare Grundeinstellung: Sie bestimmt in Amerika, wann bei Symptomen wie Trauer, Energielosigkeit, Konzentrationsschwäche, Appetitverlust, die Krankheitserkennung Depression erstellt werden kann. Vor kurzer Zeit wurde einem Hinterbliebenen erst nach einem Jahr mit diesen Symptomen eine Depression bescheinigt. Nach der geltenden Regel hat der Trauernde zwei Monate Zeit zu betrauern, anschließend gilt er als depressiv. Ein neuer Entwurf im neuen Diagnosekatalog sieht dies vor, dass der Trauernde in Amerika schon nach 2 Wochen zum Kranken wird.

Psychotherapeutin Verena Kast ist empört

"Das finde ich eine totale Unerhörte Frechheit, denn es geht ganz am Leben vorüber und ist barbarisch. Die Fristsetzung hängt damit zusammen, dass wir möchten, dass die Personen ganz rasch abermals funktionieren."

Verena Kast, Schweizer Psychotherapeutin

Betrauern ist überlebenswichtig für den, der zurückbleibt

Personen müssen trauern. Nur der, der einen Wegfall klar betrauert, kann abermals heil sein und eines Tages abermals am Leben mitmachen. Das Leid über den Tod des Verstorbenen wird bleiben, aber das Leid wandelt sich, er wird geringer. Heute wird Hinterbliebenen nur kurze Zeit von dem sozialen Umfeld zugestanden, bis erwartet wird, dass der Trauernde abermals "funktioniert". Doch das muss sich verändern. Denn wer sein Trauern verdrängt, wird eventuell irgendwann von der Geschichte eingeholt:

"Mir ist bei Behandlungsverfahren depressiver Krankheiten gelegentlich aufgefallen, dass Verlusterlebnisse kaum betrauert sind. Trauern stellt ein Thema dar, das kaum beachtet wird, ermittelt an der führenden Relevanz für uns, ist sie doch für unser seelisches Wohlbefinden sehr wichtig."

Verena Kast, Schweizer, Psychotherapeutin

<u>Sollen wir das Betrauern neu erlernen?</u>

Über 70 % unserer Mitbürger versterben inzwischen in Kliniken und Altenheimen, zuhause entschwindet der Tod mehr und mehr aus dem Alltagsleben. Im bewussten Umgang mit Sterben und Trauern ist anscheinend nur noch ein wenig Platz in unserem Sozialen Umfeld.

Tod, Beerdigung, Leid und Linderung sowie Trauern. Der hierbei unwiederbringliche Wegfall einer Person, verbunden mit den entsprechenden Emotionen ist sehr vielseitig. Unsre Lebenssituation und unser Bewusstsein von Zeit, Leben und Glaubensrichtung sind allerdings sehr persönlich: aber im Tod sind alle Menschen gleich, sagt man. Daraus ergibt sich aber nicht, dass auch der Umgang mit dem Tod immer der selbe ist. Im Gegenteil, von Glaubensrichtung zu Glaubensrichtung, von Kultur zu Kultur findet man teils beachtliche Differenzen, wie Personen mit dem Tod von geliebten Menschen hantieren. Und die Rituale die sie über das Auftreten des Todes begehen. Um den schmerzhaften und oft langem Vorgang des Trauern zu überwinden, haben Personen über viele Jahrhunderte hinweg verschiedene kulturbezogene Trauerverhalten entwickelt.

Doch losgelöst von der Gesellschaft oder Glaubensrichtung – erleiden wir alle Verlust von liebgewonnenen Menschen und Geschöpfen. Ich stellte mir im laufe der Recherchen des Buches immer mehr die Frage, ob es bei uns noch eine Trauerkultur gibt, die uns die Handhabung mit dem Tod vereinfacht. Oder sollen wir das Betrauern erst abermals lernen, um mit der unwiderruflichen Trennung und Verlust umgehen zu können?

<u>Trauerkultur im Umbruch</u>

Fest steht: Die Trauerkultur bei uns ist im Umbruch. Wenn's um den Tod einer nahestehenden Person geht, scheinen mehr und mehr Deutsche Probleme zu haben, mit ihren Emotionen und der Begebenheit zurecht zu gelangen. Sie kontaktieren zum Teil fachmännische Trauerberater, gehen zu Trauerseminare oder probieren den Trauerprozess ganz auf das Abstellgleis zu schieben. Einen Grund für die große Ungewissheit im Trauerverhalten sehen Wissenschaftler darin, dass Tod und Sterben heute im Lebenskreis unserer Kultur keineswegs mehr natürlich dazu gehört: Die Liebsten oder wertvolle Angehörige erleiden den Tod meist nicht mehr daheim, die Lebenserwartung ist angestiegen und so gelangen viele Personen unmittelbar mit dem Tod maximal durch den Fernseher in Kontakt. Zur gleichen Zeit findet man in der Bundesrepublik eine sehr rege Trauerkultur – bei ausländischen Mitbürgern. Abhängig durch ihren kulturellen und religiösen Background begehen Juden, Muslime und Orthodoxe geradezu ihre Totenfeiern und belegen dabei eine rege Trauerkultur, die für unsere Christlich Deutsch geprägte Erziehung gleichzeitig fremd und außergewöhnlich ist. Muslime z.B. haben klar definierte Bräuche, wie sie mit Tod und dem Trauern umgehen - obwohl sie als Einwanderer in unserer Christlich geprägten Heimat leben. Das Kennen über diese Bräuche wird in heimischen Kliniken und Hospizen mehr und mehr wesentlich: Mehr und mehr muslimische Menschen mit ausländischen Wurzel werden alt und erleiden den Tod. Verlernen wir Deutsche also das Betrauern während unsre Mitmenschen mit Ausländischen Hintergrund uns ihre vielförmigen und regen Trauerkulturen vorbildlich vorleben? Was vermögen wir von ihnen über "echtes" Trauern zu erlernen?

Wissenschaftler schätzen das aktuelle Trauerverständnis verschieden ein. Im Verlauf der Vergangenheit hatten wir ein paar Trauerkulturen die in unserer Heimat im christlichen Glauben begründet waren und diese früher generell etablierten christlichen Riten heute nicht länger festgelegt sind. Die Trauer Forscher unterstreichen weiter, dass besonders die Individualisierung der Trauerkultur, z.B. für die Beerdigung oder im Internet, für die Trauer Bewältigung sehr gut ist. Ich gehe der Frage nach, wie sich die Trauerkultur in Deutschland gewandelt hat und wie sie mit den Einflüssen fremder Trauerkulturen, die durch ausländische Mitbürgern hier gelebt werden, neue Impulse bekommen kann, sich mit Tod und dem Trauern passender auseinanderzusetzen.

Ich zeige ihnen mit Hilfe konkreter Denkanstöße, wie individuell Trauern heute von Personen war genommen und wie maßgeschneidert oder zusammen sie tatsächlich erlebt wird: daheim, im Netz, bei Trauergruppen oder in einem Gebetshaus.

Abschied, Loslassen, den Verlust überwinden

Bis gerade möchte Josef Jeschke nicht wahrhaben, dass seine Frau versterben musste, sie wollten doch geradewegs erst den gemeinschaftlichen Lebensabend auskosten. Vor eineinhalb Jahren hat er seine Frau nach kurzer und schwieriger Erkrankung verloren. Den Schmerz der Trauer hat er noch nicht überwunden. "Abschied habe ich genommen", sagt Josef Jeschke, "aber das Loslassen läuft noch gar nicht." Seine Angehörigen und Freunde will er nicht unnötig stark strapazieren, darüber hinaus hat er, wie viele Trauernde, das Erlebnis gemacht, dass ihre Umgebung nicht mit der oft langwierigen - Trauerphase umgehen kann.

Inzwischen hat er sich aus diesem Grund einer Trauergruppe angehängt. Durch die anderen Hinterbliebenen fühlt sich Josef Jeschke verstanden und erhält Denkanstöße von dem Trauerbegleiter der der Gruppe beisteht. Der Trauerbegleiter schaut auf die Tatsache, dass die Teilnehmer der Art Selbsthilfegruppe auch abermals erlernen, selbständig zurecht zu kommen:

"Man hat als Trauerbegleiter nicht die Aufgabenstellung, die gewichtige Rolle des Toten einzunehmen. Es gilt eine Sittlichkeit zu haben, die hinterbliebenen Personen nicht an sich zu binden und zu lange in der Gruppe fixieren zu wollen."

(M. Müller, Trauerbegleiter)

Trauern?

Zur Erinnerung. Das Trauern stellt eine Gemütsbewegung dar, was sich zeigt, wenn eine Person etwas Zentrales verliert: einen nahestehende Person, sein Wohlbefinden, seine Arbeitsstelle, ein geliebtes Tier oder das Heimatland. Wer trauert, fühlt sich oft antriebslos, im Stimmungstief und unfähig, erfreut zu sein.

Der evangelische Wissenschaftler und Leiter des einzigartigen deutschen Museums für Sepulkralkultur in Kassel, Prof. Sörries, weist in dessen neuen Buch bezüglich der Kulturgeschichte des Trauern auf die Tatsache hin, dass mit dem Wort Trauern zum einen die interne Gefühlswelt gekoppelt ist, dass im Englischen "grief" bedeutet, demgegenüber steht der soziale und gesellschaftliche Faktor des Trauerns, engl. "mourning".

So gehörte zur sichtbaren Trauerkultur bis zur Mitte des 20. Jahrhunderts die Bekleidung: Wittwer und Witwen trugen ein Jahr lang schwarze Bekleidung, die lichtlose Farbe, die in der europäischen Zivilisation seit Vielen hundert Jahren mit dem Tod verbunden ist. Trauerrituale entwickelten sich mit dem Brauchtum und über die Religiöse Glaubensrichtung .Normierte Reaktionsweisen sind von Generationen weitergereicht worden. Heute ist die Handhabung über die persönlichen Erlebnis jedem größtenteils selber vorbehalten. Das Trauern gilt als überwunden, wenn die Person den Verlust akzeptieren kann.

<u>Trauertraditionen im Umbruch</u>

Ein Bestatter der hier nicht Namentlich genannt werden möchte, will Tradition mit persönlicher Trauerkultur verknüpfen und rät den Verwandten, von ihren Toten abermals ganz bewusst „ Lebewohl zu sagen", auch am offenen Sarg. Die Gepflogenheit ist fast verloren gegangen, seit ein Großteil der Verstorbenen schon länger nicht mehr zuhause aufgebahrt wird.

"Wenn wir die Frage des Abschiednehmens platzieren, sagen unsre Kunden oft, sie möchten die geschätzten Personen wohl auf im Gedächtnis behalten. Aber einen Lebenden kann ich nicht unter die Erde bringen, statt dessen nur einen Toten. Das Bild des Toten benötigen die Angehörigen dazu und es wäre sehr wesentlich, um loslassen zu können."

(Nicht namentlich benannter, Bestatter)

Eine Aktionskünstlerin Bali Tollak hat sich über di alten Gepflogenheit der Totenbretter beschäftigt, die einst im Bayerischen Wald als Andenken an die Gestorbenen aufgestellt wurden. Sie zeigt heute ihre "Seelenbretter" an ganz diversen Orten in Deutschland und Europa, bemalt mit Zeichen und Sinnsprüchen aus diversen Kulturen, wo Personen sich an ein Leben mit dem Sterben erinnern sollen.

In einem Interview sagt Sie:

„Der Tod zählt zum Leben und nicht zu einer anderen Welt, und aus diesem Grund male ich auch das Diesseits. Und was noch dazu kommt: Nur die Lebenden vermögen es zu lesen und die Toten können's nicht."

(Bali Tollak, Aktionskünstlerin bei Br.de – Alpha Campus)

In einem Interview mit dem Bayrischen Rundfunk sagt Ulrich Keller Pastoralreferent des erzbischöflichen Ordinariats in München

Immer weniger Personen suchen heut zu Tage halt bei Religionsgemeinschaften um ihre Trauer zu bewältigen, der fürs Trauerpastoral des erzbischöflichen Ordinariats verantwortlich ist, er sieht es ganz cool, dass die Kirchen nicht länger alleiniger Ansprechpartner beim Handling mit Tod und dem Trauern ist. Er ist Angehöriger der Gruppe, die in der Münchener St. Paulskirche ein mal im Monat eine

Heilige Messe für Trauernde macht. Losgelöst ihres religiösen Glauben müssen hier alle im modernen, nicht klassischen Zeremonie ihre Trauer teilen können. Die Religionsgemeinschaft, meint er, kann sich heute im Markt der Trauer, auch mit dem Angebot von kommerziellen Wettbewerben wie Bestattern, behaupten – nicht allein, weil ihre Offerte kostenfrei sind, stattdessen auch, weil die Kirchen Personen in ihrer Suche nach Spiritualität, Trost und Trauerbegleitung verlässliche Qualität bieten können.

Betrauern bei der Diaspora

Geprägt durch den Umbruch der Trauerkultur werden auch die Trauertraditionen der Muslime, die religiöse Minderzahl bei uns, auch beeinflusst? Der Gemeindeseelsorge in der Mosche in Penzberg begleitet die Hinterbliebenen. Er weiß, den Trost kann ein traditionelles Kollektiv ermöglichen. Man versteht darunter das nicht Alleingelassen sein, sagt er. Jedoch gehen ein paar Bräuche bei der in der Emigration lebende Menschen mehr und mehr abhanden, da die Lebensverhältnisse es nicht zulassen. Wenn ein Zugehöriger hinscheidet, versammeln sich z.B. in der Türkei auch Muslime zum Totengebet, die den Toten nicht direkt gekannt haben. Das ist hier kaum denkbar.

Ali Y. ist in seiner Tätigkeit oft damit konfrontiert, dass sich viele Muslime bis zum Sterbefall nicht mit dem

Versterben in Deutschland widmen und nicht informiert sind, dass z.B. in Bayern eine Sargpflicht gibt. Muslime werden aber in ihren Heimatländern klassisch nur in Stoffen gewickelt und bestattet. Verstorbene werden nicht binnen 24 Stunden sonder in Deutschland erst frühsten nach 48 Stunden bestattet.

Der islamische Bestatter erklärt mir die üblichen Überführungen von Migranten der   1-ten Generation an erster Stelle zunächst Hindernisse stehen, die der muslimischen Lebensarten und Tradition entgegenstehen. Selbstverständlich aber auch, dass viele Gastarbeiter eigentlich nur für kurze Zeit in ihrem Gastland bleiben wollten und die Bundesrepublik nicht als ihr Heimatland verspüren.

Als Migrant der 2-ten Generation kann sich Ali Y. selbstverständlich auch denken, hier beerdigt zu werden, "denn hier beerdigt zu sein ist auch ein Geständnis zu dem Land, wo ich seit über drei Jahrzehnten daheim bin und ich will auch, dass meine Nachwuchs nach meinem Tod einen Ort des Trauerns haben, der nicht 3000 km fern ist."

Trauerorte vom Begräbnisstätte bis zum Internet

Die Begräbnisstätte ist heute im besten Falle noch ein Trauerort unter zahlreichen. Virtuelle Kerzen entfachen und sein Beileid aussprechen. Das Netz hat sich für viele zu einem neuen Trauerort entwickelt. Wenn man sich schon zu Lebzeiten für seine Bekannten unsterblich machen will, entdeckt man hier eine Bühne genauso wie viele Personen, die sich für verstorbene Berühmte Personen begeistern. Zusätzlich zum Austausch benutzen Trauernde das Netz an erster Stelle, um Gedenkseiten zu schaffen - oftmals nutzen Eltern vom zu früh verschiedenen Nachwuchs diese Möglichkeit des Trauerns. Das eigene Trauern wird für alle sichtbar und man lässt jeden an seinen schmerz teilhaben. Was sonst Datenschützer auf den Plan ruft, ist für Trauernde kostbar: Das Netz vergisst kaum etwas und so kann jeder Verstorbene "auf ewig" unvergesslich fortdauern.

Zum einen ist Trauern heute etwas ganz Persönliches, demgegenüber ist es selbstverständlich auch zugelassen, Trauern nach außen zu zeigen, und öffentlich zu machen. So nahmen 35.000 Personen am Gedenkmarsch für den Torwart des Fußballvereins Hannover 96 Robert Enke teil, der 2009 Selbstmord begann. Wenn viele Personen einen Menschen betrauern, die sie nicht persönlich gekannt haben, bezieht sich das Trauern weniger auf diesen Menschen selber als auf die mit ihr verknüpften Ideale, glauben Therapeuten.

Bild ist von rmac8oppo - Richard Mcall auf https://pixabay.com

<u>Sollen wir das Betrauern neu erlernen?</u>

Personen erfahren Trauern heute oft viel gefühlsbetonter und persönlicher als früher. Tradition oder von der Gesellschaft bestimmtes Handeln spielen keine Rolle mehr. Aber aus diesem Grund sollen wir nicht das Betrauern neu erlernen, stattdessen die Handhabung über die Vielfältigkeit der Wege des betrauern, meint Prof. Sörries.

"Angesichts der großen Auswahl von Bestattungs- und Trauermöglichkeiten ist es heute schwieriger geworden, sich im Markt der vielen Wege zurechtzufinden. Das hilft es auch dass Trauern heute persönlicher aus zu führen, macht es aber auch selbstverständlich schwieriger, bis ich diese Wege Folge und sie zu Planen ."

(Prof. Reiner Sörries, Theologe)

Die Aufgaben Trauernder:

- ➤ Den Wegfall als Wirklichkeit an zu erkennen.
- ➤ Den Leid des Trauerns erfahren und verkraften.
- ➤ Abstimmung an eine Welt, bei der der gestorbene Mensch (auch Geschöpf) fehlt
- ➤ Ablösung vom Toten und Aufgeschlossenheit für neue Verbindungen
- ➤ "Zu den Hauptrisikofaktoren für außergewöhnliche Trauerverläufe zählen der Tod des eigenen Kindes, ein blitzartiger Tod, diverse Trauerfälle binnen kurzen abständen und der
- ➤ Tod durch Selbstmord."

(Palliativmediziner Gian Domenico Borasio)

Bewältigen der Trauer

Körperliche Tätigkeit oder Zerstreuung vermögen das Trauern zu verdrängen oder kurzfristig zu erleichtern. Es ist außerdem möglich zu probieren, den Wegfall zu ersetzen. Trauergebräuche oder -rituale und Trauerfeiern sind ein Teil von unserer Gesellschaft und Geschichte; die seit ein paar hunderten von Jahren angewandt werden. Durch diese Wege werden Erinnerung und sinnbildlich wiederholtes Zurückholen und erneutes Weggeben des Betrauerten begangen, ein Sich-Einlassen auf die Extrembedingungen des Verlustes betrieben dies vermag, ein allmähliches Annehmen und Loslösen der Betroffenen. Diese benannte Trauerarbeit kann unterstützen. Das Klagen sowie Gespräche sind nicht wegzudenken. Wesentliches vermag auch der Ort des Trauerns und/oder die Zugehörigkeit der Begebenheit.

Das Trauern verläuft in der Regel in unterschiedlichen Phasen.

1. Die überwiegenden Zahl der Betroffenen erfahren am eigenen Leib zuweilen eine Akute Belastungsreaktion („Schock"); sie vermögen nicht wahr zu haben, dass eine Person oder ein Tier aus dem Leben geschieden ist oder dass ein schwieriger Wegfall zu erwarten ist.

2. Sie erfahren eine Phase der Niedergeschlagenheit. Zukunftsangst, Sinnleere, und/oder Zürnen mit dem Schicksal die Sorgen beherrschen die Gedanken. Oft tauchen auch Verwirrung, Gedächtnisschwäche sowie Vergesslichkeit und/oder körperliche Reaktionen auf (wie Konzentrationsverlust, Schlafprobleme, Appetitlosigkeit oder Gewichtsverlust). Die Aufmerksamkeit in Verbindung mit den alltäglichen Beschäftigungen fällt schwer. Trauernde haben Verlassenheits- und Selbstvorwürfe sowie weitere Krankheitssymptome von Unbehagen und Erschöpfung.

3. In einer anderen Phase „heilen Wunden". Die Gedankengänge werden ein bisschen weniger an den verstorbenen oder verloren gegangene Menschen (auch an Tiere, Haus, Heimatland, Arbeit) lässt geringer verzagen. Es glückt den Hinterbliebenen, sich abermals passender zu fokussieren, das Hier und Jetzt besser wahrzunehmen und die Perspektive in der kommenden Zeit zu orientieren. Im Besten Fall schafft der Trauernde abermals eine seelische Balance und kann Glück und weitere gute Gefühle wieder verspüren. Er kann neuen Sinn entdecken.

Im Verlauf oder nach der Verarbeitung des Trauerns vermögen sich neue Möglichkeiten zu öffnen, die losgelöst vom Sterbefall sind: neue Partnerschaften, Änderungen des Verhaltens. So kann bearbeitendes Trauern auch Lernprozesse in Gang setzen oder fördern. Wenn die Trauerarbeit und/oder ernsthafte weitere Last noch eine zu große Zahl an Energien erfordern, kann dies die Lernprozesse behindern.

Seit kurzen findet man Trauerreisen. Die Teilnehmer dieser Reisegruppen (meist unter 20 Personen) gelangen im Verlauf der Trauerreise in einen Dialog; dieser soll ihre Trauerarbeit erleichtern.

Schlusswort

Jeder trauert auf seine Weise

Jeder erlebt sein Trauern auf seine persönliche Weise und in seinem persönlichen Tempo. Trauern berührt Seele und Körper: Trauernde leiden unter Schlafstörungen, Appetitlosigkeit, Anspannung, tiefer liegende Niedergeschlagenheit, Kopf- und Herzschmerzen. Ihr Immunstatus ist angeschlagen, die Lebendigkeit verkleinert.

Psychisch durchlaufen Trauernde nach der ersten Bestürzung einen Gefühls Betonten Ausnahmezustand unterschiedlicher Art - tiefe und Leid, Schmerz, Wut, eigen bestimmte Isolation, Angst, Selbstvorwürfe, totale Hoffnungslosigkeit und Schwermut.

Die diversen Phasen des Trauerns

Die Psychotherapeutische Forschung ging lange davon aus, dass Trauernde diversen Phasen durchlaufen, deren Dauer verschieden lang sein kann. Eines der Phasenmodelle hat die Eidgenossin und Psychotherapeutin Verena Kast in den 1980er-Jahren entwickelt, aufbauend auf einem Variante von Psychologin Elisabeth Kübler-Ross, hierbei erklärte sie das Geschehen des Sterbens (siehe Seite 9).

Der Psychologe. William Worden demgegenüber geht ist nicht von Trauerphasen überzeugt, stattdessen nennt er vier "Entwicklungsaufgaben", die Trauernde durch sich selbst lösen sollen, um den Wegfall zu verarbeiten. Der aus der USA stammente Trauerforscher George A. Bonanno ordnet Trauern als Stressreaktion ein:

Stressreaktionen sind nicht harmonisch oder feststehen Gefühlsreaktionen. Dauerhafte Trauern wäre unerträglich und nicht zu ertragen. Trauern ist an und für sich nur tragbar, weil sie in gewisser Art und Weise in Wellenbewegung abläuft. Der Hinterbliebene pendelt seine Gefühle hin und her. Wir orientieren unsere Aufmerksamkeit auf den Leid des Verlustes, seines Stellenwertes und seiner Relevanz- und dann kontaktieren wir uns abermals mit unsrer unmittelbaren Lebenswelt, den ähnlichen Personen, den Prozessen und dem jetzt.

Bei den Hinterbliebenen hellt sich ihre Atmosphäre kurzzeitig auf und sie tauchen in Beziehung zu unserer Umgebung auf. Dann tauchen sie abermals ab und durchlaufen wieder den Trauerprozess. Diese kurzfristigen Stimmungsumschwünge bewirken eine Zeitliche Erleichterung des Schmerzes. So wird der Selle des Hinterbliebenen, nach und nach geholfen sich an den Verlust zu gewöhnen."

Dadurch den Verlust zu Bewältigen und los zu lassen.

Ihr

M. Rock

Quellen

- https://www.planet-wissen.de/gesellschaft/tod_und_trauer/trauer/p wietrauerwege1
- http://www.br.de/themen/ratgeber/inhalt/familie/tod-trauer-schmerz-100.html
- http://www.br.de/fernsehen/ard-alpha/sendungen/alpha-campus/classics/trauer-100.html
- https://de.wikipedia.org/wiki/Trauer
- Statistisches Bundesamt

<u>Wie waren die Informationen?</u>

Solltest Du Gefallen an meinem Buch gefunden haben, wäre ich Dir sehr dankbar für Deine Bewertung. Um eine Bewertung zu hinterlassen,

klicke einfach hier (folgt noch)

und bewerte das Buch mit einigen kurzen Sätzen.

Das dauert nicht länger als 2 Minuten.

Schreibe, was Dir ganz besonders gut gefallen hat und natürlich auch (konstruktiv), solltest Du etwas vermisst haben. Ich lese wirklich jede Bewertung und jedes persönliche Feedback (*info@rdw-traders-club.de*). Das hilft mir dabei, meine Bücher stetig zu verbessern und den persönlichen Kontakt mit meinen Lesern zu intensivieren.

Auf meiner Facebook Seite, in unserer geschlossenen Gruppe, lade ich Sie gerne ein das wir verschieden aktuelle Erlebnisse Diskutieren können und jeder für sich bewerten kann.

Weil meist gibt es nicht nur eine Wahrheit.
https://www.facebook.com/m.rockit/

Besuche mich auf Homepage:

http://www.rdw-traders-club.de/BUeCHER-VON-RDW

Wenn Du über Aktion und Angebote informiert werden möchtest,
Trage Dich bei unserem Newsletter-dienst ein,
versprochen kein Spam.

http://www.rdw-traders-club.de/epages/80159646.sf/de_DE/?ObjectPath=/Shops/80159646&ViewAction=ViewNewsletterVielen herzlichen

Dank für Deine Unterstützung.

M. Rock

Rechtliches

Für Fragen und Anregungen:
info@rdw-traders-club.de

BUCHTITEL

Trauer und Verlust Verstehen

Das Überwinden von Trauer und Verlust

Auflage,1, März JAHR 2018

© by M Rock
Herausgeber dieses Buches ist
VERLAG: Rock die Wellen Traders Club
ADRESSE: An der Brenzbahn 6

PLZ, 89073 **ORT**, ULM

Ansprechpartner Rose, Marcus

Steueridentifikation: USt-IdNr.: DE306394148

Copyright © 2018 by M. Rock - alle Rechte vorbehalten Alle Rechte vorbehalten. Alle Texte, Textteile, Grafiken, Layouts sowie alle sonstigen schöpferischen Teile dieses Werks sind unter anderem urheberrechtlich geschützt. Das Kopieren, die Digitalisierung, die Farbverfremdung, sowie das Herunterladen z.B. in den Arbeitsspeicher, das Smoothing, die Komprimierung in ein anderes Format und Ähnliches stellen unter anderem eine urheberrechtlich relevante Vervielfältigung dar. Verstöße gegen den urheberrechtlichen Schutz sowie jegliche Bearbeitung der hier erwähnten schöpferischen Elemente sind nur mit ausdrücklicher vorheriger Zustimmung des Autors zulässig. Zuwiderhandlungen werden unter anderem strafrechtlich verfolgt!

Lektorat & Korrektorat: RDW – Traders CLUB

Cover: RDW – Traders CLUB

ISBN-13: **9781980636281**

Disclaimer-Alle Inhalte dieses Ratgebers wurden nach bestem Wissen und Gewissen verfasst und nachgeforscht. Allerdings kann keine Gewähr für die Korrektheit, Ausführlichkeit und Vollständigkeit der enthaltenen Informationen gegeben werden. Der Herausgeber haftet für keine nachteiligen Auswirkungen, die in einem direkten oder indirekten Zusammenhang mit den Informationen dieses Ratgebers stehen.

Mein Facebook Seite

https://www.facebook.com/m.rockit/

www.ingramcontent.com/pod-product-compliance
Lightning Source LLC
Chambersburg PA
CBHW031332250726
48656CB00005B/2089